真情

U0595265

深圳市真牌珠宝金行有限公司
SHENZHEN ZHEN BRAND JEWELLERY CO.,LTD.

地址：深圳市罗湖区田贝四路万山珠宝园5号楼四层
电话：86-755-2553 9988
传真：86-755-2550 8330
全国服务热线：4008-111-888

真情 真品 真牌

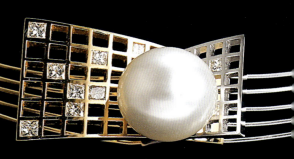

深圳市真牌珠宝金行有限公司
SHENZHEN ZHEN BRAND JEWELLERY CO.,LTD.

地址：深圳市罗湖区田贝四路万山珠宝园5号楼四层
电话：86-755-2553 9988
传真：86-755-2550 8330
全国服务热线：4008-111-888

（真牌珠宝金行有限公司提供图片）

（瑞麒珠宝首饰有限公司提供图片）

图书在版编目（CIP）数据

赌石·珠宝玉石投资·2 / 徐军主编. -- 昆明 : 云南人民出版社, 2010.12
ISBN 978-7-222-06911-4

Ⅰ．①珠… Ⅱ．①徐… Ⅲ．①宝石－投资－基本知识
②玉石－投资－基本知识 Ⅳ．①F724.787②G894

中国版本图书馆CIP数据核字(2010)第231991号

责任编辑：周 琼 马 清
策　　划：周 琼 金 成 李 蔷 徐 晨 戈 然
封面设计：李 斌
翡翠作品抛光：刘日成
摄　　影：徐 晨
配图文字：李 蔷

赌石 · 珠宝玉石投资 · 2

　　徐　军　主编
出　　版：云南出版集团有限责任公司
　　　　　云南人民出版社有限责任公司
地　　址：昆明市环城西路609号
发　　行：云南人民出版社有限责任公司
开　　本：787×1092　1/16
印　　张：6
版　　次：2010年12月第1版第1次
印　　刷：昆明佳迪兴隆印刷有限公司
印　　数：1–3000
定　　价：48.00元
书　　号：978-7-222-06911-4
广告许可证号：5300004000101

中国玉雕名家名人新作解析

赌石

珠宝玉石投资 2

徐 军 主编

知翡翠者众，知翡翠雕技者寡，知翡翠雕技中的齐白石、张大千者寥寥无几。我们将陆续介绍当今中国翡翠雕刻艺术家，及各种风格、流派，各种材料的处理等等，以助人们识辨和收藏。

翡翠雕刻新人辈出，四五十岁是黄金时段，老花眼制约许多高手亲历亲为。如此说，翡翠雕刻的是翠绿的青春亦不为过。

联系：QQ1527834209

xjfeicui@yahoo.com.cn

18988093053

云南出版集团有限责任公司

云南人民出版社有限责任公司

总监制：佘定常　范成瑜
主　编：徐　军
主　办：广东省珠宝玉石首饰行业协会
　　　　云南人民出版社有限责任公司
理　事：（按笔画排列）
　　　　广东省珠宝玉石首饰行业协会
　　　　广东省珠宝玉石标准化技术委员会
　　　　广东省技术监督珠宝玉石与贵金属产品质量监督检验站
　　　　广东省四会市玉器产业管理办公室
　　　　广州市喜洋洋珠宝有限公司
　　　　云南红贵老翠
　　　　平洲珠宝玉器协会
　　　　深圳市真牌珠宝金行有限公司
　　　　深圳市钻之韵珠宝首饰有限公司
　　　　深圳市瑞麒珠宝首饰有限公司
编　委：（按姓氏笔画排列）
　　　　王弗锐　李汉洲　邱梓桑　佘定常　吴锡贵
　　　　卓汉才　易爽庭　范成瑜　张世栢　梁晃林
　　　　耿　波　徐　军　郭清宏

地　　址：广州市东风东路739号地质大厦广东省宝协
电　　话：020-87660836
联　　系：QQ1527834209
　　　　　xjfeicui@yahoo.com.cn
　　　　　18988093053

目　录

封面人物：邱梓桑
中国珠宝玉石首饰行业协会副会长
中国黄金协会常务理事
深圳市真牌珠宝金行有限公司董事长

浅谈

肖军，著名玉雕艺术家。

1967年生于江苏南通，1987年进入南通师范学院美术系，毕业后在某中学任美术老师。1991年至2000年在广州从事玉雕学习、工作，后到云南瑞丽开拓事业。

自2005年《瑞兽献宝》获"天工奖"优秀奖起，肖军的《招财进宝》、《苦尽甘来》、《团团圆圆》等作品，先后多次获"天工奖"、"百花奖"的多项奖项，并多次被行业协会、政府机构授予玉雕大师称号。

肖军玉雕艺术的意境美

图1. 稻花香里说丰年

图2. 荷塘童趣

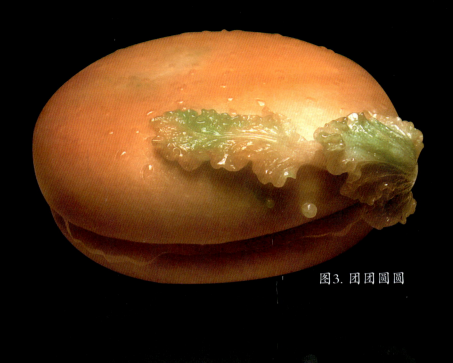

图3. 团团圆圆

徐军点评：

  无论是东方艺术还是西方艺术，都将作品的意境视为高层次的艺术。特别是中国艺术作品中，无论诗歌、小说，还是雕刻，意境往往影响作品艺术性。肖军的作品始终孜孜不倦的在意境的艺术世界中追逐、升华。特别值得一提的是，肖军作品的意境突破了大多数创作者从诗中寻求灵感的老路，他作品的意境往往来自平平淡淡的日常生活，却弥漫着浓浓的温馨和恬静。

  1. 撷取生活的露珠，平淡中妙笔生花。以《苦尽甘来》为例，众人皆知的苦瓜上缠绕着同样无人不晓的餐餐可见的瓜果，"聚集"出博大的生活真谛，于平平淡淡中构勒出富有哲理的意境，令人耳目一新。这无疑也诠释了作者对生活的热爱、追求和积极向上。再看《团团圆圆》，虽然我对这个标题不十分欣赏，但我却不得不对作者善于从普通事物中发掘美的意境大为赞赏。姑且称之为一个香喷喷的汉堡包，几颗晶莹的蜜珠，这在小孩眼里也司空见惯的物品，肖军则赋予它深刻的内涵。那两层间夹杂的无论是什么，终究是一个团团圆圆的整体，那随意攀爬出来的菜叶无论怎么说，终究是夹杂在团团圆圆之中。过去有句老话：深入生活才能出好作品，现在不时髦了，但学会观察生活，反映生活中的美，永远不会过时。

  2. 找准最动情的生活脉搏，让童真永远伴随世界。意境往往也需要一个点，由此激发人们想象。童年的的趣事是一个人活到老也忘不了的，童年的趣事，甚至是某个场景都能触动人的神经，引发联想，形成意境。肖军的作品中有不少是以童年趣事为题材的。《荷塘童趣》刻画的非常生动，几乎可以让人聆听到鱼儿蹦跳的"哗啦"声。如果说《荷塘童趣》是直接抒写，那《稻花香里说丰年》就是儿童的视角。两只

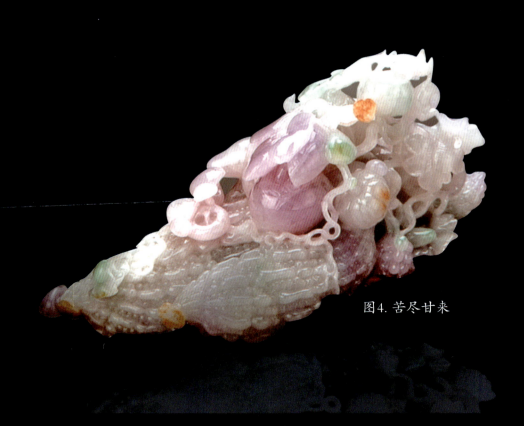

图4. 苦尽甘来

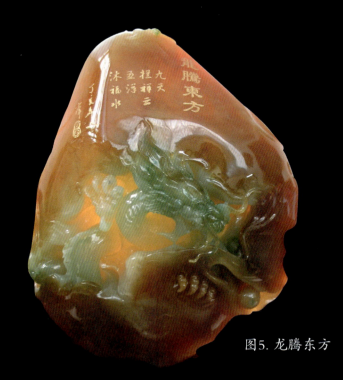

图5. 龙腾东方

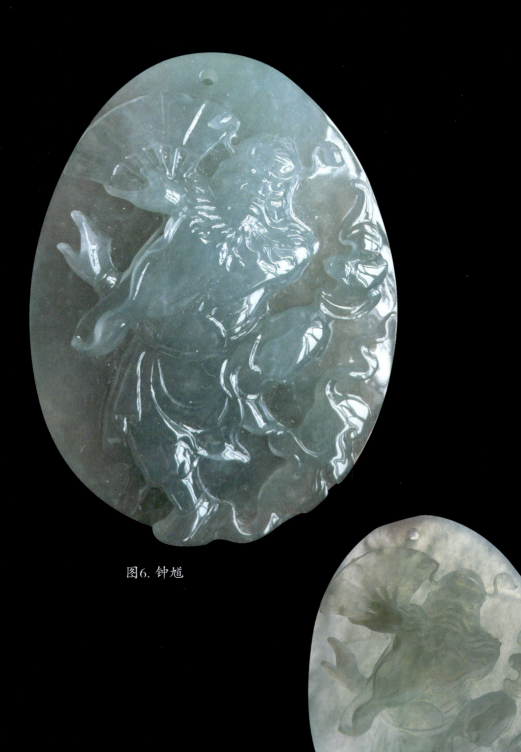

图6. 钟馗

小青蛙头顶头，眼对眼；当年谁曾蹑手蹑脚走近这一幕？谁曾屏住呼吸、挤成一堆关注这一幕？谁又会嘘唏不止给孙儿讲起这一幕？

3. 让色彩创造意境，充分发挥翡翠材质的特点。艺术创作中创作意境氛围最多的是文学作品和美术作品，前者以诗为主体，后者以国画为代表。对于翡翠雕刻中以多种色彩为中心创作意境的不是很多，特别是历史上翡翠以绿色为"贵"，对于红翡和黄翡、紫罗兰色并不重视。以前似乎红黄翡料也不是很多。但近年来，随着"三彩"料的走红，大马坎场区又挖掘出大量红黄皮的料，运用不同色彩巧雕，俏色的佳作应运而生，颇受人们的欢迎。肖军应是这批运用不同色彩的翡翠巧雕的领军人物之一。肖军特别擅长运用翡翠不同色彩进行强烈的对比、烘托、渲染，突出主题，营造氛围，创造出美好的意境。看《团团圆圆》，黄色上有几许绿色，你会嗅到奶油的香味夹杂丝丝青菜味儿，那油珠似乎闪烁欲坠；看那两只头顶头的小青蛙，白色上托着两片绿，你会感觉它们就要一跃而起，不敢眨眼；看《龙腾东方》那红色中腾起的绿白相间的龙，那意境活脱脱的；即便是《钟馗》，那一水的淡青蓝色，也让你感到驱魔降妖的他，就应该是这个色。

翡翠雕刻较之文字描写和绘画，有着更强烈的意境效果，将多种天然色彩应用其中，色彩斑斓，灿烂耀眼就更胜一筹。

4. 从传统题材中挖掘，塑造新的意境。肖军的作品也不乏大量的传统题材，譬如龙、观音、钟馗等等，但他不循规蹈矩，而是锐意创新，通过细节的刻画，气氛的渲染，神还是那尊神，佛还是那尊佛，却塑造出不同的意境。举《钟馗》为例，传统的钟馗形象凶、狠、霸气十足，无敌天下。而肖军的钟馗，还是瞪着的圆圆的眼睛，剑照样舞在手中，腿也照样跃跃欲飞，但看身体的姿态少了几分僵硬，平添了几分优美。再看圈起的腿，又少了几分凶狠，而隐隐约约有点舞蹈的感觉。再看脚尖，可以说跷得好看。这位钟馗是否可以说有几分可亲、可敬，又可爱呢？这样一个钟馗给人们的感觉，恐怕不同于凶神恶煞，令妖怪都闻风而逃那个钟馗吧？

龙是中国人最熟悉的图案，不说龙的造型，其背景通常是乌云滚滚，电闪雷鸣，再不就是随闪电平空出世。龙的色彩都是红、黄、白、黑。一句话，怎么刺眼怎么来。而肖军的《龙腾东方》呢？绿色的龙首，洁白的龙躯，背景上下左右全是红色雾幔。红色在中国传统文化中是大喜大庆、热烈欢腾之意。这是一种什么氛围，赋予读者什么样的意境呢？

意境原本多与诗，与高雅与玄妙联系在一起，肖军却用"高贵"的翡翠，创造平平凡凡的生活中美的意境，这本身就是一个深邃的意境吧！

梁文斌：
雕刻跳动的音符

水浸碧天一瑶池，烟波渺渺，涟漪微泛。明暗飘忽的雾色冷光，或空游无所依，或潜跃水成纹。它是鱼却不老，它是龙但不飞，誓愿庇护弱弱的生灵，直到地老天荒。

徐军点评：

美妙的音乐必须有节奏感。美学家视世上一切事物的存在和彼此间的关系的差异，皆为节奏。造型艺术的节奏有形象节奏和非形象节奏，而作为翡翠雕刻因其材质的特殊性，显然也有其独特的节奏感。这里我先谈谈成功运用形象节奏和非形象节奏创作的"龙头鱼"，然后再谈"观音在人间"的翡翠特有的节奏。

先说龙头鱼的主要形象节奏：主体的大S型的鱼的主体与右侧并例的婷婷玉立的莲，粗细对比，反差巨大，形成极强的节奏感；牌端的云纹浪与牌末端的大波浪纹；圆睁的龙眼与尖利的龙牙；纤细的龙须与庞大的龙头；凡此种种无不涉及产生节奏感的多种要素，即：宽与窄、粗与细、锐与钝、长与短、轻松与沉重等等。再看龙头鱼背上晶莹的水珠与鱼身上网眼似的鳞纹，又产生了光滑与粗糙、整齐与破碎、凝固与流动的对比节奏感。所有的形象节奏"音符"构成了龙头鱼的强烈形象节奏感。

出色的雕刻师创造的节奏感，就如同出色的演奏家，每个音符都浸透着他的情感，雕刻师的形象节奏感的音符中往往也浸透着非形象节奏，即带有情感的节奏。如龙头鱼怒张的嘴与含苞待放的莲朵，形成粗犷与秀美、强壮与柔嫩的形象对比。柔细的龙须与尖锐的龙牙等等，这些非形象的节奏均包含着强与弱、刚与柔、豪放与严谨、恬静与热烈、温柔与粗野等等情感。当一个画面上同时存在或反复存在形象节奏或非形象节奏，就各自产生一对或多对矛盾，这些矛盾造成各种节奏，统一在一个画面中，即产生综合的艺术效果。梁文斌的"龙头鱼"的成功就在于充分使用和发挥造型艺术的节奏，将高高低低、凸凸凹凹、长的扁的方的圆的视为琴弦、琴键，演奏出美妙的节奏。

翡翠雕刻特有的节奏或许是个新的话题，但又是老的技巧，许多高手都对此进行了探索，只是未见成文。即在节奏感中如何发挥翡翠材质的特点，使翡翠材质的特点更好地突出作品的节奏。梁文斌创作的"观音在人间"，成功地运用翡翠材质的特点，形成艺术品的强烈节奏感，使作品获得了完美的艺术效果。

首先是调色，运用色差形成节奏感。这块原料为莫西撒的老场石，种老，水足，莫西撒场口的石头是以水好无色著称，这块石头有粗大的色筋，由于水好，几乎可以辉映全石，通常的雕技都是尽量保色，但梁文斌没有吝啬难得的翠色，而是在局部"弃色"，用绸带、鱼、孩童、花瓣调色，弃绿为白，形成了观音的主体是绿色而陪

梁文斌，玉雕艺术家。
广东人，1967年出生，
1988年从事玉雕工作。
平洲珠宝玉器协会玉雕文化艺术促进理事梁文斌
作品：《龙头鱼》
长6cm，宽4cm
擅长：雕刻人物

观音在人间　长11.5cm，宽6.5cm，厚2.5cm。

飘飘逸逸地来了，袅袅曳曳地近了……
为何人们总是在悬崖边想起您？为何人们总是在煎熬中思念您？
为何人们总是在绝望中紧紧地、紧紧地牵住您的手？
纵然世上已有刀，有枪，有核弹。
还是枉然。

抛光前

衬物为白色的对比，使主体的人物形象突出，饱满，作品整体层次分明，节奏强烈，主旋律轰鸣回荡。这种调色所产生的节奏非翡翠莫属。

其次是用调水形成实空对比，一块料中有实又有通透的部分，也是其他玉雕所不具备的。围绕观音这一主体，梁文斌对绸带等等陪衬进行了大量的镂空处理，甚至包括主体观音的背部。如此绸带、孩童、鱼等等都透明了，特别是背部的花瓣也透明了，不动声色中水被调出来了，主体与陪衬、粗细、高低、实实"空空"全出来了，节奏感自然鲜明且丰富。这种翡翠独有的节奏感，自然增添了作品的魅力。

最后还有要说的一点是，充分发挥翡翠材质的特点，创造艺术节奏的目的就是为了赋予、张扬作品的活力。从观音的神态，到观音脚下踩踏的荷瓣，还有翘起尾巴的小鱼，嬉笑的孩童，梁文斌无一都赋予他们一个字"活"，即让他们有动感。试看最容易被忽略的观音脚下踩踏的荷花瓣，叶尖一面高高翘起，尖尖还打个折，半隐半露、半青半白，仿佛正逆水而上，水流淙淙而过。毫无疑义，动态感是节奏的生命，也是玉雕的魂。

原石

原石

初绘

大样

细绘

　　如此，说调色调水即可，何必非要强调是节奏呢？有位大师说过：当你还不认识艺术节奏时，它是"自在之物"，当艺术节奏为你所控制和创造时，才能成为"自为之物"，优秀的雕刻家必定是控制和发挥艺术节奏的"演奏"大师。

郭建军：
神来之笔话装饰

青衫已褪色，一柄寒剑依旧。

一笔「挥剑决浮云」，纷飞如雨的是你无语的冤屈。

举目「慷慨倚长剑」，轩昂了正义凛然的威严。

14

性艺术

背面

郭建军，玉雕艺术家。

1970 年出生于江苏。初中毕业后进入江苏南通红木工艺品厂学习雕刻。先后学过白木、红木、象牙雕刻，1995 年转做玉雕至今。

擅长：花件、手把件。

2009 年《翡翠团圆宴》荣获"天工奖"最佳创意奖；

2010 年有作品获上海"神工奖"。

现为中国工艺美术学会理事，中国工商联珠宝行业协会常务理事，广东省平洲珠宝协会理事，玉文化促进会常务理事。

作品：《钟馗》

长 40cm，宽 25cm

原料

第一稿

修改稿

徐军点评：

　　构图布局的每一步，都事关作品的品位、得失、乃至成功与失败。因此，人们又将构图布局称之经营位置。也就是说创作者必须像企业家一样，对材料精打细算，深谋远虑，寸土寸金、点豆成兵。

　　且看郭建军在5cm×3cm的狭小空间，如何纵横驰骋，开拓艺术空间。

　　先看正面：右侧的红翡恰到好处地引出了钟馗的五小鬼随从：红伞、灯笼、宝瓶、药叉、书箱。主体的青水鬼使神差的雕出了青面钟馗，而面前的青绿色化成一柄气势不凡的降魔长剑。背面却是钟馗的巨大法器宝扇。整个构图堪称缜密、严谨、张弛有度、疏密均衡；主题突出，细节生动；色尽其用，相得益彰。

　　如果仅仅如此，充其量是构图严谨，雕工精湛，技巧娴熟的佳作，该作品最闪亮的布局、最精巧的艺术体现是正面的降魔长剑与背面的宝扇！

　　乍看长剑齐身长，背后的宝扇更是占了四分之三的画面，有不匹配之嫌，其实这正是该作品大胆而又巧妙的使用装饰艺术的艺术体现。

　　通俗地说，装饰性即造型艺术中增加的人工美的一种艺术表现手法。它是写实的、客观形象的表现手法，同时又是一种更高的追求，对实际生活有所夸张，有所演绎，有所创造。这种表现手法古来有之。如"东汉墓室画像石之一"：一幅石雕画面分成"三层"，每一层中间的人物或动物为写实的、客观的，纵看是一条连续的中轴线，而其他部分都是夸张的装饰人物画面。整幅构图打破了时间和空间，主题突出，画面丰富。

　　再如"《唐墓门装饰石刻》"，主体是位贵妇人头像，其他部份则是衣物的装饰线条和图案。正是这样的构图使整幅作品底蕴深厚、寓意丰富，画面绮丽，被后人视为艺术典范。

钟馗的长剑和宝扇同上述经典有异曲同工之妙。试想如果钟馗面前换成一柄小剑，能有现在这样的"舍我其谁"的气势吗？那把巨扇要是变小了，按比例来，那又是什么呢？

装饰艺术的巧妙运用开阔了艺术空间，使作品的容量和外延都获得巨大拓展。

还有一点需要提及的：钟馗背后的巨大宝扇给人绢秀、阴柔之美，这同其雄武的正面形成了鲜明对比，一刚一柔，阴阳相衬，这也是艺术的重要表现手法。

可否这样说：倚天剑平添钟馗万丈豪情，装饰性艺术赋予郭建军千般灵气！

背面、抛光前

王 军：
摇曳娉婷的翡翠

牵着鸟语莺歌、珠落玉盘的音符，水样清透的你，独舞无尘。

那一低眉的温婉，锁住了梨花带雨的娇羞。

袅袅素腰、霞衣拂云，在一次次旋身的轻盈里，逸出段段荷香。

千古清绝，至此不再。

红衬底

白衬底

王军，著名玉雕艺术家。1963年生于北京。父亲就职于北京玉雕厂，爷爷是荣宝斋的鉴定师。王军1982年高中毕业后进入北京玉雕厂，后进入北京设计学院雕刻专业深造4年。曾参加被称之"四大国宝"之一的《岱岳奇观》的创作。1990年独立创业。

擅长雕刻：人物

作品：反弹琵琶

长11.6cm，宽5.6cm

徐军点评：

"反弹琵琶"原是"敦煌壁画"第112窟伎乐园中的经典名作，自古以来该题材演绎作品众多，王军的翡翠《反弹琵琶》巧妙发挥翡翠材质和雕刻的特点，同时汲收西方雕刻技巧，塑造出一位秀美、纯真、英姿勃发的妙龄天伎。

首先王军独具慧眼，选中莫西撒场口的老料：种老，水足，冰底中几分朦胧几分清晰，如一瀑淡淡清水。与题材相配，清水、绿草、嫩柳；少女、曼舞、轻歌；情景交融，相得益彰。

王军说老北京玉雕厂有句名言：死人替活人说话。即作品是雕刻师的代言人。王军的雕刻艺术追求一个字"活"。试看王军是如何让作品活起来，除了众所周知运用"S"造型让舞者形体产生动感，王军大胆使用"绸带"，强化、烘托舞者的"S"形体态，制造了多个"S"，以强化主体的动感。

首先是舞者左臂扯动的绸带造成了巨大的"S"，从高高扬起的头部直至脚部，好比给身体的"S"镶了一个闪亮的外边。绸带雕刻的细且突凸，翡翠特有的晶莹剔透大大加强了立体感。而右手臂下的绸带又形成一个"S"，同左手臂下的"S"，一前一后，一大一小，使人物形体的"S"突显，仿佛绸带舞动一般。绸带在舞者脚边形成横向"S"，则有"破题"的醒目作用。而左下肢的"S"造型，从小腿到足尖，使舞者仿佛伫立在一个弹簧上，摇摇曳曳、翩翩跹跹。

除了将"S"形用到极致，王军大胆地大量使用多种"L"型拐角形态。谁都知晓"L"形直楞、刺眼、破坏美感，雕刻人物尤其忌讳。圆润才容易出美感。但是，王军看到了正反"L"是最能体现力量的形态，并且有不稳定的鲜目感觉。王军将它倾斜使用，这就有了"活"的气氛。王军的《反弹琵琶》从上到下使用了多种"L"形

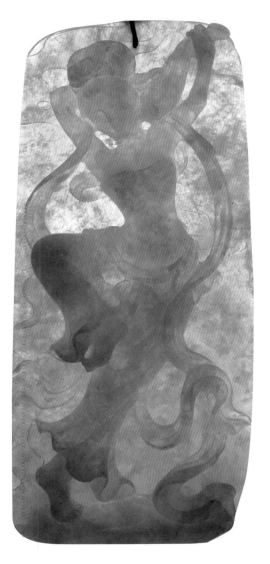

态：如右手托琴的手拐，右腿圈起的膝盖，右脚尖勾起的脚趾。如果细看，从横抬的右腿到竖起的右臂，乃至返伸到右手指，是否也是个大"L"型？再看左侧，从左臂到左侧腰间，也隐含着一个"L"型？再看从左下肢到足部，是否也是一个"L"型？王军不仅没有将它们圆润化，毫不遮掩地自然地处理成多种形态"L"型，使妩媚多姿的舞者跃然呈现。

有了大"形"还必须有细节。有种说法不知是否准确：西方绘画雕刻注重人物衣衫的纱质感，玉雕则雕出布质感。布质感实则说对人体点到为止。且不论此种说法对否，现实玉雕人物确实是"布衣"者众。壁画上"反弹琵琶"的舞者是写意的，人物是"一"字眼，裸露上身，王军要在翡翠雕刻中表现出"纱"的感觉，就必须在舞者的脸、胸、腹和脚尖等赤裸的部位上下功夫。为了使面部鲜明，层次感丰富，王军将舞者的面部安排成俯视的侧脸，这个角度本身即有动感。读者眼中的人物俯视的眼、鼻、唇，突凸，鲜活，表情丰富。再看胸部，胸衣起伏的曲线配上突凹有致的胸部，效果鲜明，轮廓突出。对于腹部的处理明显有些夸张，半圆形的多条衣纹，松弛有度，再配上右侧夸张的抬腿动作，人体的动感跃然而出。至于脚尖的效果自不待言。

传统玉雕塑造人物线条讲究的是脸部、胳膊、袖口，非常简洁，王军借鉴西洋雕刻用长线条、粗线条和多种形态的线条，突出人物立体感。除在腹部使用多层圆弧线，胸衣使用上下对称的起伏波浪线，在腿部、裤脚、绸带上大量使用粗线条与细线条搭配的技巧，增强人物的立体感和动感，都起到了不小的作用。如左腿裙裤的线条完全是素描的方法，追求动感。整个画面绸带对渲染气氛、烘托人物十分重要。王军对绸带线条的处理颇下功夫。数一数绸带的拐折处竟有6个以上，除左、右手下的绸带只打了一个折，左腰侧多是连折，特别是左腿下方竟然是3至4个连折。这些连折不直接产生美感，但对使绸带"动"起来却必不可少。正是这些技巧为人物增添了巨大活力。

还值得一提的是，舞者的面部等裸露部分，采用磨沙处理，增添了几分神秘感。

戴星星：
华丽优美的旋律

徐军点评：

读戴星星的"螳螂捕蝉"，仿佛在聆听优美的华尔兹舞曲，令人陶醉在强烈的艺术氛围中，这个世界是华丽的，又是优美的。

1. "场面"华丽，极尽雕刻之奢华。在8cm×5cm×2cm的空间，我们在正面看到了偌大的螳螂，在侧面看到了两朵小花和伏在花上的蝉，还有细腻的令抛光者感到困难的一连串的"S"形花纹。而案头则是精致的环扣，案末端是可爱的小兽。如此已算奢华了！长案的背面又进行了大量镂空，使长案两侧的花纹能透出光来，越发显得精致。如此奢华的雕刻使你一眼就陷入了艺术的情网，不能不赞叹。

雕刻历来忌讳过繁过滥，但雕刻从来不拒绝精雕细刻，因为雕刻的艺术是从雕刻中来，美与繁的界定是艺术与繁锁的区别。

戴星星

戴星星，青年玉雕艺术家。
1981 年出生于江苏，1998
年从事玉雕工作。
2010 年广东省玉雕工艺职
业技能大赛第九名。
作品：螳螂捕蝉
长 8cm，宽 5cm
厚 2cm

2. 古色古香，情景交融。相信不晓得"螳螂捕蝉，黄雀在后"典故的不多，但未亲眼见过螳螂的人并不少。即便在农村螳螂的数量也不多了，这肯定不是黄雀太多了。戴星星的螳螂只能伏在古色古香的长案上，要是伏在钢化玻璃桌上，那就是另一番味了。古色古香的长案末端平面有小兽图案，两端颇为考究地卷起水纹，而两侧的精致之极的镂空花边，为长案的身世做了最好的诠释。而长案另一侧的两朵小花并不突兀，早在清代之前王公贵族家的长案就有这般设计。古色古香的长案上，蝉误将雕花当鲜花，这本身就是一个意境。创造华丽的乐章，不可或缺的是一个个充满艺术魅力的音符。

3. 螳螂的美与美的螳螂。记忆中螳螂的模样似乎与美无缘，倒是有几分怪异，长手长脚，小脑袋。戴星星却从这个长手长脚的虫儿身上看到了美。他将这位螳螂雕成了一朵"花"！的的确确，从正面看，螳螂的身体和脚爪就像是一朵盛开的热带丛林里带刺的花，图案很美。这让我也不得不修正记忆：哦，原来从某个位置或角度上看，其实螳螂的造型很美，它的身体美得就像盛开的花瓣。这就是戴星星的艺术感觉。不是有了这样一位姿态优美的螳螂，才有了这件令人称赞的艺术品，而是有了戴星星，我

原石

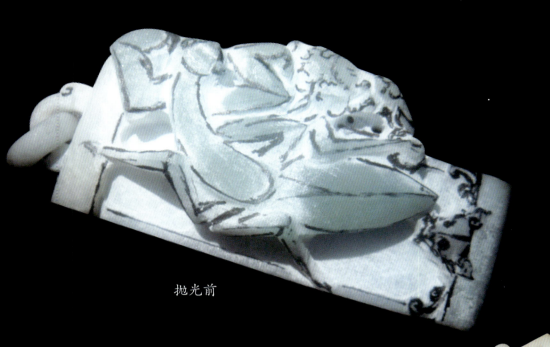

抛光前

们才知道螳螂貌美如花。某种图案初时无人注意，可当它曾成为某种经过艺术加工的饰品时，令人眼前一亮，随即受到热捧，也就是从"螳螂的美"，转化为"美的螳螂"。

最后还应该说的是，"螳螂捕蝉"的料并非大红大绿，更非晶莹剔透，戴星星巧妙地将表皮的浅蓝色部分雕成螳螂的主体，将其余的白色用来陪衬、烘托、渲染，于是，华丽中平添了典雅、高贵的气质。

侧面

背面

赵 兵：
倾听"月夜·红幔"

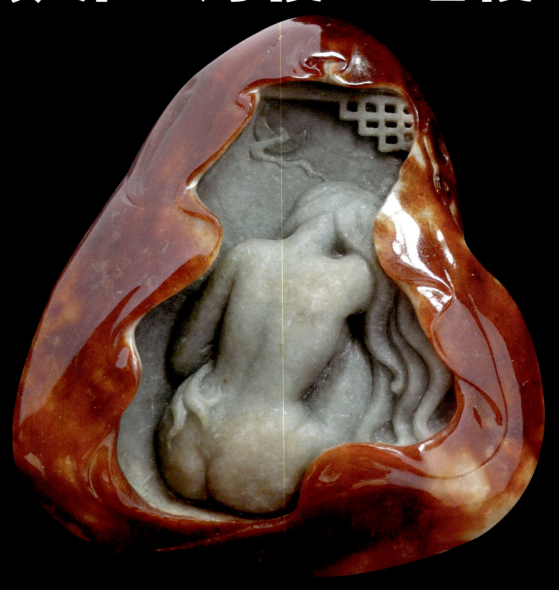

窗外，月华如练；窗内，烛影摇红。

布幔闲卷，雾蒙玉质，含蓄着触之不能及，味之又宛在的暧昧……

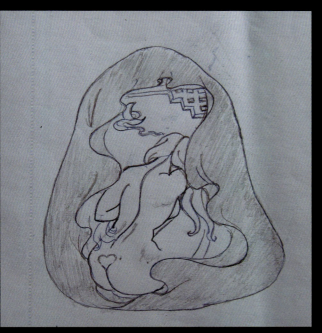

草图

赵兵

赵兵，玉雕艺术家。湖北人，1962年3月出生。1978年进入湖北省老河口市玉雕厂，1995年进入上海周波工作室，曾师从玉雕微雕大师常世琪。

擅长雕刻：人物

作品：月夜·红幔

长9cm，宽7cm

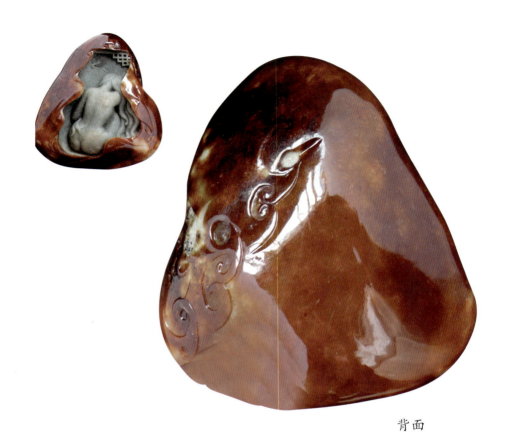

背面

徐军点评：

毋容讳言，翡翠雕刻迫切需要拓展新的题材，新的创意，新的观念。

赵兵的作品很讲究艺术氛围，这与他对其他艺术的涉猎密不可分。我不晓得他是否受曾轰动全国的小说（后拍成电影）《红高粱》的影响，那爷爷、奶奶的故事发生在红高粱地里，那红得遮天蔽日如大海般的高粱，是整部小说主题的最好诠释：男女主人公的激情，民族不可欺辱的血性，中华大地神密、博大的魂魄，都如同那海一般的红高粱地，惊浪拍天，永不休止。赵兵的《月夜·红幔》是在寂静的月夜，正是在这寂静中那红得如火如荼的红幔，才令人产生无限遐想，希望？梦幻？情欲？生命？寂静？炽热？

《月夜·红幔》的画面非常简约：巨大的红幔，几乎不予雕饰；清冷的月光下，裸女的如同剪影般的背影。但正是这么几个简约的符号，因为具有象征性，个个都有丰富的意象，将画面延伸出雕刻物具像的本身，拓展开了艺术空间。

查尔斯·查德威克曾经这样说，象征主义是一种表达思想和感情的节术，但不直接去指述它们，也不通过与具体意象明显的比较去限定他们，而是暗示这些思想和感情是什么，运用专加解释的象征使读者在头脑里重新创造它们。

红幔象征什么？

裸女又象征什么？

充斥整个世界的红幔叠加如剪影般的裸女又象征什么？

不同的人尽管做出不同的想象和诠释，但有一点是共同的：读者不是被动接受创作者告诉他什么，而是在第一眼看见《月夜·红幔》就会在进行联想，甚至是创作。

原料

廖慧斌：

不重复别人亦不重

化一苇渡江，面一壁九年的大慧，终为五叶之花祖，在我们混沌的心界掘出一注清流。

夜阑人静，独坐观心，穿越时空的触摸，物空心不空。

复自己

原料

徐军点评：

廖慧斌有句座佑铭：不重复别人亦不重复自己。不难看出他心气很高，又有灵气。

《力挽狂澜》的头部完全是传统设计图案，精雕细刻颇见功力，颈部之下则完全是表现主义的。几笔线条，几道弧线，到了底部一连串的波浪纹。表现主义起源于德国绘画界，不重视可见的，而是创造可见的。他们认为：作品不是自然的模仿，而是人的感情的结果。画面上只有主观激情的记录，是形、色、线三要素根据自我需要，构成组合。在这面旗帜下，有的追求夸张、变形，有的追求抽向。从这个角度上看，《力挽狂澜》造型的大部分，完全符合表现主义的基本定义。

特别是表现主义后来又与神话结合，主张把现实转化为神奇、变形的东西，寻找幽灵似的变形的真实。这与《力挽狂澜》也非常吻合。

廖慧斌将写实与表现主义相结合，产生的艺术效果是十分积极的。首先，无论我们给达摩握上一把剑，还是拿上一把枪，或者让他把拳头攥得再紧，都不如那几块粗线条有力。其次，若是给人物配上完整的四肢，无论怎样雕得逼真，都不如现在这般有种神奇感。再有，从整体造型看，写实的头部，配以表现主义的驱体，整体作品的构图不落俗套，新颖耐读，艺术感染力陡然增强！

廖慧斌，青年玉雕艺术家。

1980年出生于广东，毕业于师范学院美术专业。2000年进入玉雕业，曾从事牙雕艺术。2005年成立自己的玉雕工作宝。

作品：力挽狂澜

长7cm，宽4.5cm

王天祥，当代著名玉雕艺术家。1944 年生于北京。1958 年 3 月进入北京第一玉器合作社，同年 10 月并入北京玉器厂。1978 年担任三车间（负责兽、瓶）设计组长，后任质量检查员。代表作《碧玉大花灯》《翡翠珠心项链》等曾在业内外广受赞誉。1983 年参加设计后被称之"四大国宝"之一的《岱岳奇观》和模型制作。1985 年离厂创业，因而错过了轻工部"大师"评审。

王天祥的妻子李秋凤是该厂二车间（负责花件）的设计组长，1986 年被轻工部评为"工艺美术大师"。李秋凤设计制作小件物品蜚声海内外，作品多为海外收藏。值得一提的是王天祥与李秋凤设计制作的作品集北京玉器厂两大车间的设计组长的智慧，堪称典型的老北京玉器厂的创作风格，非常珍贵。

王天祥玉雕艺术的构思布局

作品1. 云龙九显（手把件），7cm×4cm

背面

侧面

底端

作品2．云龙九显（挂件）

长5cm 宽4cm

背面

作品3. 云龙九显（花牌）

长6cm 宽4cm

背面

徐军点评：

读王天祥和李秋凤的作品感觉最强烈的就是布局缜密，脉络清晰，主次分明，构思浑然天成。这里看到的4件以龙为题材的作品，可以深刻感受到作者深厚的"北京工"的功底，和对精雕细刻、完整大气的艺术风格的追求与体现。

1. 意在笔先，一气呵成。中国千百年的造型艺术产生一条金科玉律："意在笔先。"纵观这四件作品，无论是摆件，还是挂件，抑或是手把件的布局，都是"意在笔先"，纵横捭阖，匠心独运。4件作品都是叱咤风云的龙，却形态各异，布局出神入化。图1的龙，从顶端的龙首到逶迤而下的龙身，成三段式，中规中矩；图3的龙首居上端，顶端和尾端是龙身，顶端的龙身下设"扣"，既不破坏布局，又让人感到龙身的上下翻腾，不仅有美感、动感，还合情合理。再看图2的回首龙，材料不规整，龙尾甩到顶端的凹处做"扣"，龙首在下部凸起处回首，头高尾低，正好形成高低对照和呼应。将"劣"势变为特点。而图4摆件中的云龙，除了气势汹汹的龙首，龙躯在偌大的云、涛密布的画面中仅占五分之一，并且是成"一"字形横贯全石。谁都知晓"一"字形摆设呆板，乃布局大忌，主体成"一"字形，整个画面就很难活起来。而王天祥为了发挥"一"字形散布的色，巧妙的用云、涛渲染、烘托，使龙翻腾其间，跃然而出。

凡此种种，若非"意在笔先"，将料性吃透，深思熟虑，很难有如此匠心独具的设计。

2. 主次分明，层次清晰。无论是何种艺术，作者总是有主题要表达，翡翠因材施艺，特别是在雕刻中常常要碰到意外的情况，如裂、棉等等，需要改变设计方案，因而有不少作品随心所欲，就物塑形，破坏主题的表达。王天祥的作品特别强调主题突出。以图4摆件"云龙三现"为例，看看底座的"肉"恐无人愿雕，王天祥却沿着隐隐约约的色，将龙从前面一直雕到背面，形成环绕全石的一条"绿龙"，将星星的绿画龙点"睛"般发挥到极致，龙的躯体贯穿了全物件。再看龙喷出的水，在正面有两处交代，在背面有6处表现。有两次水瀑还形成了浪花，翻腾起来，带活了画面。由于有了"绿龙"，余下的大面积皂青色就有了用武之地，全部就势雕成云纹和浪涛。三题的显明、突出，使作品整体缜密、大气。"物"尽其用，材料的劣势退为其次。

这件作品是国家工艺美术大师李秋凤病逝前和丈夫王天祥共同设计的最后一件作品。

3. 呼应、对称与关照。布局产生美感的重要手段之一，便是呼应、对称和关照。

作品4. 云龙九显（摆件）　长10cm　宽8cm

图3挂牌"云龙九显"，正面的图案除了几朵祥云就是翻腾的龙体，顶端与末端的龙体呼应，左侧的龙爪与右下侧的龙爪对称，左上侧的龙须与右下侧的龙髦对称，仅有的三朵祥云也构成了上下、左右关照。再看背面，祥云成为主体，但云隙间龙体层次清楚，与正面图案相照应。祥云亦上下关照，龙体也是前后呼应。如此呼应、对称和关照，使整个画面浑然一体，没有生分之感。

4. 灵活自如，严丝合缝。举图2挂件"云龙九显"为例，此件料为不规则长、斜三角，上扁下高，还成三角形凸起，很难驾驭。王天祥将龙首放置凸起的下部最高点，并雕刻成回首张望之势，龙须等顺势铺洒在龙首的下端，龙身则盘旋在挂件的上端，充分利用了料的高低与厚薄的不同，成就回首张望的姿态。如此，龙身可姿意翻腾，祥云也可任意点缀其间。再看背面，龙体在云中翻腾，龙尾夸张的几乎扬到了挂坠的顶端，"扬"出无限张力的感觉。

构思灵活自如，并非恣意妄为。为达到构思缜密，浑然一体，王天祥的作品特别注意对物件"薄边"的处理，立求严丝合缝，浑然天成。看看图1手把件"云龙九显""薄边"的处理，就毋须赘言了。

"云龙九显"左侧边；

"云龙九显"右侧边；

"云龙九显"顶端；

"云龙九显"底端；

5. 繁中有简，简中有繁。纵览这4件以龙为题材的作品，精雕细刻似乎无所不在。这大约是老玉雕的一种风格，即讲究画面要"满"：整体饱满，布局丰满，主题溢满。但揣摩"满"中又处处藏有"简约"。看这4件作品，无论是摆件，还是挂件，画面除了主体龙，只有云纹，仅摆件"云龙九显"有浪涛。这又是多么简单的画面。没有任何与主题无关，与主题无益的哪怕是一根草，一块岩石。再试想如果没有铺陈的云纹，岂能表现龙的穿云破雾，雄霸天下的气势？！可否这样说，王天祥构思的或繁或简，只有一个目的：凡是有利烘托、渲染主题的尽可繁，凡是无益烘托、渲染主题的尽可简。如此，繁而不赘，简而不单。

谢　阳：
简约素朴中出神出美

微笑是心灵的花朵，微笑一次，花开一瓣。

在你永恒的开怀中，花海如潮、馨香四起。

只求一粒种子，种在心里，在静静的空间，等待花开的声音。

设计图稿

谢阳，青年玉雕艺术家。江苏南通人，1979年出生，1994年从事玉雕工作。

擅长雕刻：人物
作品：蓝水观音
长6cm，宽3.6cm
作品：大肚佛
长5cm，宽4cm

原石

原石

设计图稿

刘晓光点评：

对谢阳创作的观音像与佛公像的溢美之词，早已跨出瑞丽。揣摩谢阳笔下的观音或佛公，笔法简洁、干净，细条清晰明了，"多一分则肥，少一分则瘦"。人物在简约、素朴中出神、出美。试看谢阳塑造的观音形象的特点。

非不可或缺，绝不多雕一笔。以观音为例，除了脸部和莲花座，上半身的衣纹和手腕两侧各有6笔，除此便是双手和净瓶约11笔，合计占画面五分之三的面积仅仅雕了23笔。再看对双腿的表现仅仅是两笔弧线，莲花座只用6笔勾勒而成。

如此简洁素朴的雕画，对人物比例、神态等等细节都提出了很高的要求，那就是一丝不苟，换句话说不能犯一丁点错误。不可否认有些作品雕过了，"秃噜"了，顺势画成一道纹，并非少见。衣服上多几道衣纹，脸上多一道皱纹，谁又晓得个中奥妙？

用最简洁的线条描绘最生动的表现，这就需要扎实的基本功和表现能力，以及创作者的自信。以眼睛的雕刻而论，谢阳强调"一笔"过，否则勾不出神韵。反复用笔势必会造成大小不对称，神情异样。要做到"一笔过"，没有10年的磨练是难以驾驭的。对工具的要求——笔，不能是新的，也不能是旧的，必须是半新不旧的，用到最稳定的时候方好发挥。握"笔"的角度也很讲究，高了不易掌控，低了不易挥洒，直了会深，太斜了面大了，个中技巧只有亲为才能领会。

雕刻人物，"开脸"是最重要的，谢阳说：你心中有佛，佛方出神。这似乎有些深奥玄妙。从艺术角度讲，你对作品有几分情感，作品就有几分神采，雕刻神佛是否还要有几分虔诚？这也算是对人物的理解吧。

吕 光：
谈黑论白话藏与露

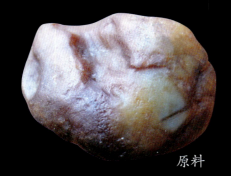
原料

徐军点评：

《披着红袍的财神》受到很多人的喜爱和称赞，细细读来，就会感受创作者扎实的基本功和布局能力。特别是布局中处处留"眼"，步步藏露结合的构思，是《披着红袍财神》的魅力所在。

谈黑论白原本指的是国画创作中落笔前要先构思何处浓淡，何处疏密，后通用于造型艺术的布局。藏与露也是一种艺术表达技巧，是追求含蓄，石展意境的重要技法。扬州工深受国画技巧影响，吕光多年学习扬州工，故而深受影响，藏与露的技去运用娴熟。

1. 大起大阖，谋篇布局奠定基础。该作品的画面非常简单，红袍缠裹财神的大半身，仅露出财神的头部和一支手。且红袍几乎毫无雕饰，若无全局的藏露构思，断不敢如此大胆设计。正因为对此法的娴熟和自信，才恰到好处地利用了红翡，使人耳目一新。

2. 半隐半露，犹抱琵琶半遮面。通常的财神必奉金元宝，头上或脚下还必踩铜钱。吕光的财神似乎"钱"不多，他把正面看到的唯一枚元宝，藏于红袍与人体接触的边沿地带，还是半掩半露，不认真看，几乎找不到。这样的藏露超凡脱俗，技高一等。

3. 以"情"带物，"神"溢其间。财神不带财如何叫人识辨？吕光将精力放在人物刻画上，人们熟悉的那张大脸蛋、那顶帽子，财神笑得满脸灿烂，喜庆溢于言表。财神会为何事高兴？最能打动财神的是什么？如此技法拓展了画面的表达，读者会进入联想，进入创作。

4. 红肥绿瘦，以色藏露。此料本身只有两种颜色，表皮是红色，内瓢则是青色，如果是按一般的构思，要么浅浮雕，要么去红留青。吕光反其道而行之，露红藏青，"红袍"占了正面主体的三分之二强，青色虽然是雕刻主体，却只占了三分之一。如此"红肥绿瘦"的效果显而易见。反之呢？

藏与露的技法，实则就是含蓄与直陈。有了精湛的工艺和恰当的布局，追求含蓄，拓展更大的艺术空间，给读者更多的联想，应是高层次的追求。

吕光，玉雕艺术家。江西人，1969 年出生。1987 年投身玉雕行业，曾拜师学习扬州玉雕技能多年。

平洲玉雕文化艺术促进会常务理事。

擅长雕刻：人物。

2010 年广东省玉雕工艺职业技能大赛第三名。

作品：披着红袍的财神长 6cm，宽 3.5cm

张琼月：
调水的最高境界

水天一色的天然，一如你纤尘不染的安详，那是大彻后的淡然，是大觉后的从容。

你莞尔微笑的柔性，容纳了无量的慈悲，消泯着世间的妄念、执着。

闭目参禅的你，神闲气定，远远地传来一个声音：净土不远，就在心中！

透光中

张琼月作

张琼月，玉雕技师，青年玉雕艺术家。
1980 年出生广西，1999 年从事玉雕工作。
作品：蓝冰观音
长 5.2cm，宽 4cm

背面

47

原料

抛光前

背面

徐军点评：

平洲的玉雕师中，女的不少，张琼月是其中的姣姣者。她雕刻的玻璃底、冰底的观音头像，很受称赞。这件《蓝冰观音》值得称道的地方也很多，恕不赘述，这里只想试谈《蓝冰观音》调水的技巧。

调水，大概是翡翠雕刻的"独门武功"，也是翡翠雕刻技巧中的高端技术。调水，就是通过雕刻，使物件的透明度更高，主体更鲜明，整个造型更晶莹剔透，熠熠生辉。最常见的调水手法有拉线、挖沟、突、凹等等。最常见的问题是为调水而调水，就是非常直露，毫不掩饰地削、抠、挖，甚至是影响到整个作品的构图。读张琼月的《蓝冰观音》，看到的是一件完整的艺术品，找不到人为的调水痕迹。这其中的奥妙，恐怕主要在于：

1. 顺势而为。整体作品是椭圆形，在椭圆形的边上就行"勾边"的造型处理，非常自然。右上侧将"边"放开，在左脸颊处重新勾起来，并顺势打个"结"。不仅是构图不古板，"勾边"、"放开"和打"结"自自然然，使边的"水"像一道波浪，有起伏，有变化，调节了视觉感。

2. 因势利导。围绕观音头像的主体，沿"边"至脸颊部份常见的处理是平推过来，主体突出即可，张琼月反其道而行之，沿"边"往下走，形成"斜坡"，这是非常重要的一招，就像挖了一座水库，就像蓄了一泓水，碧波荡漾，主体在"波光粼粼"中岂能不生辉？你说是为突出主体也罢，是为构图美也可。

3. 就势兴"澜"。有了一"湖水"，就有了开发的基础，可荡舟，可垂钓，等等。张琼月从从容容的雕刻脸颊，稍稍处理，脸颊受"凹"处的透光影响，又可影响到鼻梁、眼睛，甚至包括耳朵、脖颈。这种透光性的影响决非是开一道沟，或拉一条线可比，它不动生色，不露痕迹中完成了整个调水的"分流"工程，雕刻师尽可就势兴"澜"。

4. 无为更能造势。《蓝冰观音》背面轻描淡写划了两条优美弧线，仿佛漫不经心，其实颇有含意。现实不少观音与佛公的背面，都有较大动作的处理，有的不惜雕出层叠的大波纹，以增强"水性"，显示透光度。其实现在收藏者的水平的提高，丝毫不亚于创作者技术提高的步伐，收藏者一看到背后的"大动作"，就会联想到什么，不言而喻，浅浅的勾画又在说什么呢？

调水的最高境界应是那句老话：不显技巧才是最高的技巧。

刘庆峰：
俏色贵在传神

南宋走来的不只是优雅的词赋，还有这非俗非僧非尽非仙的和尚

「醺醺然，酣酣然，果然醉了一生：昏昏然，沉沉然，何尝醒了半

日。」道尽人世真机。

恣意放浪的只是形骸，睿智诙谐尽在谈笑间，唯有息人之净、救人之命

才是他的真人赤骨。

刘庆峰

刘庆峰，玉雕艺术家。

1971 年出生于江苏，1991 年学习木雕工艺，后又学习石雕工艺，2002 年起专攻玉雕。

作品曾入围"2000 年新世纪工艺大师精品展"优秀作品奖，2009 年中国工艺美术百花奖的相关奖项。

2010 年广东省玉雕工艺职业技能大赛第四名。

平洲玉雕文化艺术促进会理事。

作品：济公

长 6cm，宽 3cm

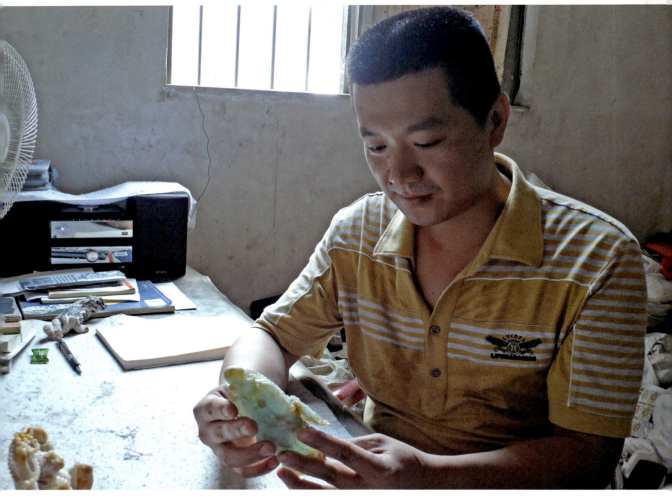

徐军点评：

刘庆峰是倾心专注俏色玉雕的艺术家。刘庆峰的俏色特点是：以色传神。他不是为了多彩而钟情于颜色，更非为色彩斑斓而运用色，他是画龙点睛的使用色，用"色"来传达作品的神韵。在他的作品里，色决非是可有可无，或仅仅是锦上添花，而是"无齿水点不成豆腐"，色是灵魂。

试析"济公"的色的运用。原本原料主体除了黄翡，便是青白色，并且青白二色的界限并不分明，可到了刘庆峰的笔下，那顶端的些许白色，被敏锐捕捉到，成就了济公的脸庞，余下的青色成了济公的身体。就那么一点点白色，形成了面部和身体的色彩区别，有如此敏锐的"色"眼，那边上的黄翡自然不会放过，构成了帽花、扇子、佛珠、破鞋，形成从上到下贯穿全物的一条"金边"。使原材料仅有的色发挥到极致，运用的又是恰到好处。

扇、佛珠、破鞋，是济公的"招牌"物件，恰恰是这些"招牌"物件，都被镀了"金"，岂能不让人物传神、生辉？

将色用得巧，用得精，仍不可忘精雕细刻。看看济公黄扇子上的破洞，鞋尖上的脚趾头，就是看背面，帽下的长发，更不用说济公白脸上凹陷的眼睛，尖长的下巴颊，青色的嶙峋的胸骨，多皱的腹部，无不传神。这点点滴滴的精雕细刻汇聚起来，再加上色彩，就是一种"神气"，人物的神气。冰冷坚硬的玉雕出活生生的人来。你会觉得济公就盘腿坐在对面，或是走在旁边，听到他鸭嗓般的笑声。

古人论摹印技巧时说过：功侔造化，冥契鬼神，谓之"神"；笔画之外得微妙法，谓之"奇"；艺精于一，规矩方圆，谓之"工"；繁简相参，布置不紊，谓之"巧"。刘庆峰正走在这条大道上。

原料

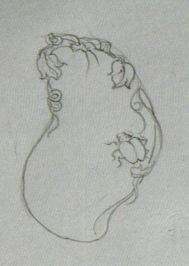

（效果）

稿 一 设计意图

利用材料红皮白底特征，材
料的白色部分作为主题做一个硕
大的果实，保留大光面 体现材
底，伯仲面来体现。把红皮巧做
藤、叶、甲虫，这些将在构图中起
到点线作用，伯仲表达丰收的
喜悦之情。

稿二 设计意图

以游佛济公为作品设计形象，
以破烂的鞋儿来现体主题。巧
色在作品中是主要的工作。帽
似佛宗，右手中扇、左手中捡到元
手用完工的佛珠，还有一双
鞋 都将今了形利用到红皮。

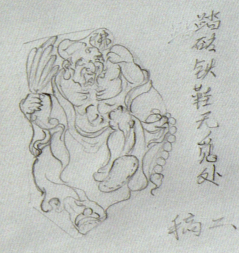

踏破铁鞋无觅处

一得来全不费功夫

稿二、

53

马绍峰

裴 羽：
浅浮雕的深刻表现

一袭南朝的袍衫仙风道骨，几缕飘髯纵横着玉树临风的洒脱，挥一挥五色笔点染丹青：蓬莱宫阙、东来紫气、日绕龙鳞、万里风烟……拥有一支笔，已然拥有一世界。

原料

裴羽

张闯点评：

作者运用浅浮雕的技法，雕刻一个传统题材，运笔娴熟，凸凹有致，当刚则刚，当柔则柔，对浅浮雕的技巧运用炉火纯青。

浅浮雕是玉雕中最古老的技法之一，也有将此技法称之白玉的雕技，这也未尝不可。因为雕刻白玉的历史肯定比翡翠长久得多。近几年有不少翡翠雕刻艺术家，广泛采用浅浮雕的方法处理翡翠，裴羽就是其中的一位，并且渐成风气。浅浮雕成时尚，大概有两个主要原因：首先是翡翠原料的稀缺性常常让创作者刀下留情，无论是色料，还是冰种，玻璃种的原料，为了造型大刀切割，的确有点浪费。其次是传统题材的白菜、观音、佛等等，市场上的库存数字不小，艺术总是追求变化和新颖，采用浅浮雕是一条路，向白玉和其他雕刻艺术学习，是条捷径。

还是回到正题，《画龙点睛》中无论是人物，还是龙，都刻画得非常生动。浅浮雕并非就是"浅雕"，浅浮雕也有高低、深厚，也讲究主体效果，且更要求"画面"质量，更要细腻、生动，也就是"活龙活现"。

裴羽：青年雕刻家。

1980年生于江苏，1995年学习玉雕，曾师从海派张明淘学艺。

曾获2009年天工奖，2010年神工奖。

平洲玉雕文化艺术促进会常务理事。

作品：画龙点睛
长9.6cm，宽3.6cm

刘时友：
被动创作与主动

你从古老的传说走来，在善与恶的边缘，无声无息地巡逻。

太深的误解，被你层层结痂成沧桑。

只留下悲壮、凄怆的背影，在暗夜中踯躅而行。

原料

裴羽

张闯点评：

作者运用浅浮雕的技法，雕刻一个传统题材，运笔娴熟，凸凹有致，当刚则刚，当柔则柔，对浅浮雕的技巧运用炉火纯青。

浅浮雕是玉雕中最古老的技法之一，也有将此技法称之白玉的雕技，这也未尝不可。因为雕刻白玉的历史肯定比翡翠长久得多。近几年有不少翡翠雕刻艺术家，广泛采用浅浮雕的方法处理翡翠，裴羽就是其中的一位，并且渐成风气。浅浮雕成时尚，大概有两个主要原因：首先是翡翠原料的稀缺性常常让创作者刀下留情，无论是色料，还是冰种、玻璃种的原料，为了造型大刀切割，的确有点良费。其次是传统题材的白菜、观音、佛等等，市场上的库存数字不小，艺术总是追求变化和新颖，采用浅浮雕是一条路，向白玉和其他雕刻艺术学习，是条捷径。

还是回到正题，《画龙点睛》中无论是人物，还是龙，都刻画得非常生动。浅浮雕并非就是"浅雕"，浅浮雕也有高低、深厚，也讲究主体效果，且更要求"画面"质量，更要细腻、生动，也就是"活龙活现"。

裴羽：青年雕刻家。

1980年生于江苏，1995年学习玉雕，曾师从海派张明淘学艺。

曾获2009年天工奖，2010年神工奖。

平洲玉雕文化艺术促进会常务理事。

作品：画龙点睛
长9.6cm，宽3.6cm

李进宝：
凝固的瞬间和想像

的空间

原料

设计图

李进宝

李进宝，青年玉雕艺术家。
1979 年出生于江苏，1998
年学习玉雕。
作品：龙鱼戏珠
长 5cm，宽 3.8cm

赵城点评：

从某种意义上说，玉雕雕刻的是某件物品或人物的某时某分某秒的状态，也就是说那个时间是非常有限的，是凝固的。而雕刻艺术则是要通过造型艺术的表现，打破已被"定格"的时间的藩篱，让他扩张，扩展，给读者创造一个辽阔、丰富的思维空间。

欣赏《龙鱼戏珠》，耳旁犹如听到表演场上孩子们雷鸣般的欢呼和尖叫声，看见水池上空"龙鱼"腾起抛洒空中闪亮的碎银般的水珠；还有"龙鱼"顽皮的眼睛，憨态可掬的身影。这正是李进宝的"龙鱼"在凝固的瞬间所创造的想像空间。

李进宝借助的艺术手段：一是整体造型是我们熟悉的海洋动物馆里，海洋动物表演的精彩动人场景；二是优美的"鱼"嘴噙着宝珠，身体可爱地弯曲，小爪子滑稽地抱着自己的大尾巴的生动表现；三是细节的逼真，圆圆的炯炯的大眼睛，透明的生动的小爪子；四是充分发挥翡翠材料的材质特点，从顶上的一吕圆珠到尾端的一串圆珠型，还有"龙鱼"头上，嘴旦含的宝珠，总共约有近20粒圆珠之多。翡翠材质的透、润特点最易发挥的就是圆形、线形形体。特别是头上和尾部的两串珠型雕刻物之间，都精心的留下空间，为材质和整体作品增色添彩。

我从未见过"龙鱼"，但时下我却相信它的存在。

刘时友：
被动创作与主动

你从古老的传说走来，在善与恶的边缘，无声无息地巡逻。

太深的误解，被你层层结痂成沧桑。

只留下悲壮、凄怆的背影，在暗夜中踯躅而行。

创作

刘时友，玉雕艺术家。

1972 年出生于福建寿宁，1991 年学习木雕工艺，木雕工艺师，后改行从事玉雕。

平洲玉雕文化艺术促进会理事。

作品：驱邪避瘟

长 6.2cm，宽 4.6cm

原料

徐军点评：

据说蝎子是世界上进化最慢的物种之一，从3亿年前到现在，几乎没有太大的变化。它口部两侧有一对螯，膜部细长，末端有毒钩，不仅相貌怪奇，而且因其同胞中有部分具有剧毒，而被视为毒物。刘时友创作的《驱邪避瘟》，腹部有8条腿，但那姿态却非常常蜷屈墙角吃蜘蛛等昆虫的主儿，不仅抓住了蝎子的特征，而且还有一种霸气，不可一世之傲气，君临天下之王气！

玉雕，特别是翡翠雕刻，常常受限于原材料的限制，惜料如金，不像木雕、石雕那么自由。因而玉雕中，被动创作比较多，料是什么形就雕什么物，物中无我居多。一本图谱可以传几代人，一个师傅从学徒，到自个带出徒子徒孙，雕的就是那几样东西，并非少见。近些年来，这个体系受到了很大冲击，先行者们纷纷开始挖掘新题材，塑造新的形象。刘时友的《驱邪避瘟》就是物中有"我"。试看其造型：两只蜷起的大钳子，形成收回的拳头之式；蜷起的多条腿，更给人壁垒森严，盘根错节之强大的感觉；尖细的储蓄毒液的尾部，甩到了头的上方，似张弓搭箭，咄咄逼人。这个强大、进攻型的造型，同"驱邪避瘟"的主题很是匹配。这蝎子不是几亿年前留下的那进化缓慢的物种，而是融进了刘时友的血液和精气神的一个符号！

刘时友将《驱邪避瘟》的大钳子和众多的腿，还有甩过来的长长的尾巴，布置得纵横交错，令人眼花缭乱，决非偶然。他们簇拥着物件的主体，就宛如古代的长矛大刀，现代的导弹大炮，突出的是主体和主题。如此方有不可一世的霸气，不如此又岂能"驱邪避瘟"呢？

为了赋予作品可《驱邪避瘟》的气势，《驱邪避瘟》在工艺上大量的镂空，整个作品仿佛在喘息、扭动，那钳子、腿、尾巴，都充分显示了翡翠材质的特点，半明半隐、晶晶莹莹。再配上绿色，这物件就仿佛活了。

曾有同题材的作品起名"雄霸大业"，其实，从古埃及遗留下的文物即可证实，蝎子一直是同镇邪攻毒有关，中国历史上也有此说，故称之《驱邪避瘟》当更为妥当。

背面(未抛光)

未抛光

设计草图

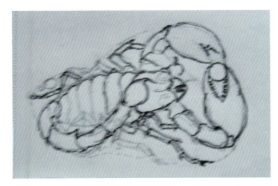

雄霸大业

丰衣足食

刘松柏：
材料与题材和谐统一

设计稿

陈文刚点评：

作品用料讲究，原料种老，水好，近似冰底；且全料是统一的嫩绿色，清爽、飘逸，如清澈湖水；无瑕疵，厚度达1.6cm，不多见。

观音的貌相采用唐代观音的较多，明清观音貌相的次之，但近年来，也有不少人在明清观音貌相上又进了一步，脸型更加俊俏，或是说现代，也颇受大家欢迎。刘松柏的《自在观音》就属后一种。

作品造型复杂，观音右手抱膝，左手拿玉珠，端坐云上；膝下有鱼，背靠玉屏，身傍荷莲；眼帘低垂，玉口微张，神情淡定，仪态端庄、平和，自自在在，超凡脱俗。

清清淡淡的原料，雕刻神情恬恬静静的观音，又是从从容容的姿态，当是自自在在。

刘松柏

刘松柏，青年玉雕家。
1980 年出生于四川，1996
年从事玉雕工作。先后到上海、
深圳学习玉雕，后到平洲。
作品：自在观音
长 5cm，宽 3cm
厚 1.6cm

背面

现代翡翠艺术

原产缅甸翡翠场区莫那场口，具有典型的莫那场口翡翠特征：白皮、冰种，绿色中带蓝味。此种原料已经少见，正接近绝产壮态。高档桃心胸坠多因料大，物主不忍心切小为戒面，琢磨而成。此料天生即呈桃心型实属少见，更难得的是无裂无绺，满色、冰种、硕大，实属珍品。

背面

待妆的新娘（未抛光）

正面有色部分长5cm，宽4cm
整体长7cm，宽5cm
最大厚度2.7cm

奥林匹克最神圣的一刻是由年轻美丽的少女点燃奥林匹克之火，各国亦然，年代久远。为何要选择年轻美丽的少女？翡翠年轻美丽的少女就没有这么幸运，刚刚问世，就被急不可待地送上大锯，切、割、雕、钻、打磨、抛光，火急火燎地完成童年、少年、青年、中午、暮年。为何不能慢一点，缓一点，或许还有许多美的时刻被匆匆错过。特别是矿山绝育和"丁克"也盛行成风。

原产缅甸翡翠场区回卡场口，其特征是黑皮，皮上有"街对角"（缅语：红辣椒皮），绿色浓，辣，肉质细糯。绿色浓淡渐变过度。

事物的本质（局部抛光）

正面有色部分最大长度11cm
宽8.8cm，厚1.1—2cm
整体长13cm，厚7.5cm

粗粗瞥一眼，黑蒙蒙的顽石一块，剥开些许皮，竟露出罕见的被列为宝石级的翡翠，但高贵的绿就像任何事物发展一样，厚薄不匀，绿色下的肉竟雪白如脂。再看那盖顶的绿，有着大脑般的纹路，绿也就是绿，但那边角抛了光的"窗口"，竟光艳照人，绿骤然生机勃勃，神采奕奕。

谁将是暴涨的石头

张　晓

翡翠涨了，水沫玉涨了，黄腊石也涨了，下一个暴涨的石头是谁？

1. 欲待出山的韦莫

大约是 2003 年冬天，我在中缅边境见到一块重约 500 公斤的白皮玉石，其石上有巳掌大的三个"窗口"，绿色艳且透，估摸是七分色，六分水。K 老板的报价仅仅 3 万元人民币，我正在困惑，K 老板直言：这不是翡翠，是韦莫。

K 老板从小在场口挖石头，年迈了，落叶归根，回到了中缅边境开个商号。K 老板对韦莫知之甚详。

缅甸某位老兄原本是赌石高手，殊不料近几年颇不走运，连连赌垮大价钱的石头，导致心灰意冷，重回山上种地，日子过得很艰难。他的朋友看不下去了，想帮他一把，就把场上的一片山坡交给他，要他挖条渠，引水冲冲坡上的土，以备将来开采搞点前期准备工作，同时可以挖点石头，闹点收入。

引水冲土是原始的开采翡翠手段之一。那老兄好歹将渠挖成了，可水仅冲了一天，就断了。顺着渠流回头查找，原来半道上水猛土松，冲到旁边的山坡上。夕阳辉映下，那片山坡上竟然有一片绿色如镜闪烁。那老兄懵了，走近一看，水冲走的浮土之下，真是一片绿莹莹的岩石。

韦莫就这样问世了。已知韦莫的硬度仅有 6~6.5，比翡翠软，其外观，特别是色如同翡翠无二。因老板暂时无心开采此矿，只托那老兄带人守护，仅有少数知情者在附近小打小闹，故产量很低，进入中国的很少，K 老板是主要销售商。这几年我主要是在他那里看到韦莫。

如果正式开采，也就是往下挖，是否会有硬度同翡翠一样，种、水均达到上乘之佳品，不得而之。

附带说一句，2005 年，有位朋友得知我到北京后，拜托我帮他朋友看一块石头，说是 35 万元从中缅边境买的，色好、水好，可他就觉得哪不对劲。

我在某商城见到了此石，正是韦莫。京城某鉴定机构出证书为翡翠。

据悉早期的韦莫，其绿在滤色镜下泛红，但现在又发现不泛红的，不知真假。

试看韦莫的若干表现。

图 58　浓绿色的韦莫。重约 3 吨。

图 59　局部。色的表现。

图 60 白皮韦莫

图 61 局部

图 62　黑皮韦莫

图 63　有红腊壳的韦莫

图 64　局部。色中有色根。

图 65　韦莫的皮一般较薄

图 66　浓淡不一的色

2. 悄然登场的石英岩玉

近年来，缅甸翡翠场区又出现一种玻璃种的石英岩玉，其硬度为 7~7.5，透明度、洁净度超过翡翠和钠长岩玉，但又不似水晶那么脆，有些许玉的质感。用其制作出的手镯、挂件非常漂亮。目前的市场价仅为几百元至万元不等。

国内市场有将此作为钠长岩玉销售。

特别值得关注的是，2007 年的缅甸翡翠公盘上也出现了此种料，其动向值得关注。除了上述晶莹剔透的玻璃底石英岩玉，还有一种绿色的石英岩玉，多被用作戒面、挂件。

图 67   缅甸翡翠公盘上的石英岩玉

沈群摄

图 68　石英岩玉

沈群摄

图 69　石英岩玉

沈群摄

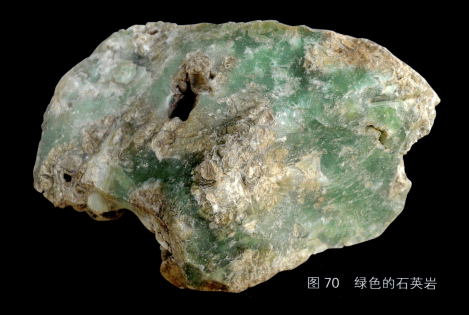

图 70　绿色的石英岩

图 71　绿色的石英岩

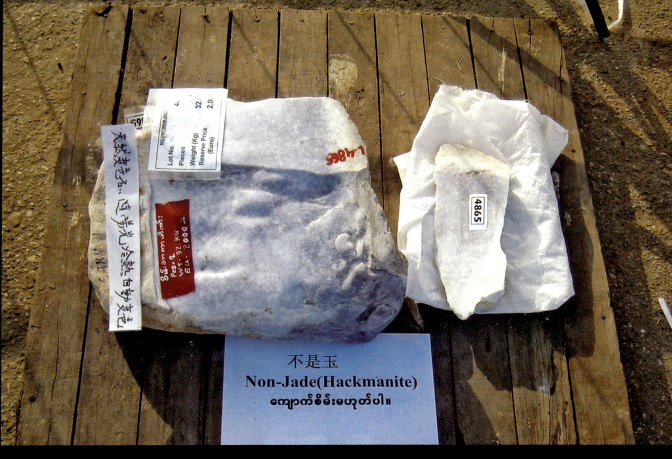

不是玉
Non-Jade(Hackmanite)
ကျောက်စိမ်းမဟုတ်ပါ။

图 72 变色石

沈群摄

余　车

梁晃林的普通一天

2010年5月21日

到平洲看翡翠毛料公盘，遂拜访会长梁晃林，耳闻目睹，颇为感慨。

平洲珠宝玉器协会上班时间是早上8:30分。会长梁晃林提前5分钟驱车来到协会办公地点——平东村委会。殊料刚一下车，就被一位中年妇女拦住，两人小声叽咕了一阵，梁晃林将一沓材料交给了那妇女带走。

问：那女同志是谁？

梁：什么谁呵，她是我老婆。

原来家里老房（也就是老梁的宝兰玉器厂）要拆，老婆把相关材料塞给梁晃林要其在家接待危房稽查人员，梁晃林却要先到协会处理事务，老婆不放心，匆匆追来拿了材料，自己回家候着。

其实，早在8点前梁晃林就同协会秘书长蓝丽君，电话讨论了赴京参加中国玉石专业委员会的人选问题，然后又接了两个电话，这也是老婆不放心，追来要资料的原因。

8点40分，协会办公室。梁晃林向协会工作人员强调当天工作中的重点事项，特别是将于23号的玉石投标交易会的准备工作。

9点15分，平洲玉雕工艺美术学校教室。梁晃林找校领导商谈工作，这是他在观看学生实际操作课。屋里很热，肩上的毛巾是擦汗用的。

10点10分：梁晃林到了学校楼下的平东玉器广场。这是为平东村弱势群体特设的低租金市场。梁晃林说：经常到这个市场走走，你能了解市场的脉搏。可刚坐下没聊两分钟，协会的大楼工地就打来告急电话。要他马上赶到工地。

10点45分：正在装修的协会6层大楼的顶楼上。梁晃林终于耐不住了向施工负责人"开炮"！原计划春节过后即开始安装门窗，施工方竟然一而再，再而三地拖延，送来的门窗又不合格。

严厉的梁晃林。

气恼的梁晃林。

愤怒的梁晃林。

冒火的眼睛。

80

12点15分，某餐厅。南海区政协党组副书记，原桂城街道党工委书记、人大主任胡国雄来到平洲检查工作，老领导来了，梁晃林理当作陪。

13点25分，下雨了。冒着雨，梁晃林来到协会常务副会长梁志刚的工厂，商榷协会的工作。梁志刚有个"一条龙"工厂，巨型毛料进入车间，出来就是璀璨的翡翠手镯了。

14点40分，协会办公室。因生意纠纷几次协调未果的买卖双方。又来协会了，需要梁晃林最后仲裁。看看当事人的脸色，就知道此事不好解决。

15点15分。梁晃林接到老婆第三次打来的电话，匆匆赶回家中的老房子（宝兰玉器厂），接待勘查人员。勘查危房很是费事，梁晃林拉了一位亲戚来帮照应，就赶回协会。还有个会议在等他。

15点47分，协会办公室。梁晃林主持玉雕促进会的骨干，商讨下个月赴京参加中国玉石专业委员会成立大会的相关事宜。

16点51分，雨停了。梁晃林坐在香港商人严东的办公室。严东是慕梁晃林的名声来平洲投资的。他筹办的以玉石边角毛料和毛料为主的莫斯沙珠宝玉器批发广场，第一期占地约5000多平方米，投资600多万元。梁晃林多次登门询问有什么困难需要协会帮助协调、解决。

18:40分。下了班的梁晃林回到了他的老房子（宝兰玉器厂）吃晚饭。勘查危房的人早已走了，寂静中，工厂里蒙着厚厚灰尘的机器无声无息。只要没有应酬，当了会长的梁晃林总喜欢在老房子——工厂里吃饭。只有这会儿，他那些蒙着厚厚灰尘的机器才能同主人相聚。他是为了陪伴那些蒙着厚厚灰尘的机器，还是思念过去？抑或是甚？

老婆问过，他没说。

21点许，习惯晚上散步的梁晃林途中被某公司的老总拽回梁家。该公司要用翡翠原料向银行抵押贷款。2小时后，梁晃林电话里为其同银行谈妥。

23点许，梁晃林修改协会报纸即将刊发的稿件。

24点许，梁晃林终于可以洗洗，睡了。

梁晃林谈缅甸珠宝玉石交易会

问：梁会长，请扼要地谈一谈2010年缅甸春季珠宝玉石交易会的概况。

梁晃林：3月8日至20日，第47届缅甸国家珠宝玉石交易会在仰光如期举行。我也一如既往和平洲玉器协会的同行们按时赴会。本届交易会共有玉石毛料10327份，明标274份。交付1万欧元保证金参加交易会的非缅甸籍商人3174人，缅甸商人62人。本届交易会的总成交额达4.26亿欧元，与历年同期相比再创新高。据反映，中高档玉石毛料价格上涨幅度大概在25%以上，低档玉石毛料价格则止跌回稳。其中，暗标玉石份数较多，但整体种质和档次却大不如前。明标玉石价格涨幅较大，成交金额达1.7亿多欧元。

问：据说，每次交易会都会有中标不提货的事情，这令缅甸交易会主办方非常头疼，并且多次修改相关章程，力图杜绝此类事件的发生，这次情况如何？

梁晃林：这次结果尚未出来，不过我可以介绍一下上次交易会的有关情况。2009年10月缅甸玉石交易会中标不提货的共有167人，其中158人选择赔款10%不提货，其余9人没赔款也没提货，被交易会没收其1万欧元保证金并禁止再参加玉石竞标交易。未提玉石毛料合计270份，其中陪了货款10%违约金的有233份，没有赔付违约金的有37份。由于翡翠毛料识辨的复杂性和投标的复杂性。要完全杜绝中标不提货的现象是不可能的。当然，作为主办方要减少这种现象也完全可以理解。为维护市场秩序，缅甸主办方这次又制定了更为严格的规则：

1. 买方交易会结束后30天内，必须支付10%的货款，未能如期支付，则没收1万欧元，并禁止参加交易会10次；

2. 买方在交易会结束后30天内，虽已支付10%的货款，但在90天内未能付清其余90%的，不但没收已支付的10%的货款，还没收一万欧元的保证金，并禁止参加交易会3次。

3. 中标后完全不付款的将被没收1万欧元的保证金并被终生禁止参加缅甸珠宝玉石交易会。

在这里我要郑重地提醒各位同仁：一定要牢记缅甸珠宝玉石交易会的新规则，切实遵守执行！违反规则会遭受重大经济损失！

问：交易会上有玉石介口被漂白增透处理，危害很大、影响极坏，不知交易会主办方如何处理？

梁晃林：玉石介口经化学腐蚀漂白增透的现象逐渐增多。几十万、几百万欧元高价中的暗标、明标也出现了造假的货，使购买者损失巨大。受协会领导班子和广大深受其害的会员强烈要求，我们已书面知会缅甸交易会总经理，并在本次交易会上又向主办方提出要求。据悉，缅甸玉石交易会为此召集缅甸玉石开采公司代表开会，并宣布：谁送造假玉石进交易会，一经查实，将处以一百万缅币的罚款。

问：1百万缅币相当于7000元人民币，对几十万、上百万欧元利润丰厚的造假售假行为能起到阻吓作用吗？

梁晃林：这件事确实很复杂。缅方也摆出自己的检验设备落后，检验完全凭肉眼，有许多难处。还交织很多复杂关系需要处理。交易会的主办方已声明要严惩造假者，甚至是禁止其终身入场交易，但要彻底解决问题并非易事。总之，凡是维权的事总是坎坎坷坷，路漫漫，中国外国都一样。大家要有耐心，同时还要有信心，要相信世界上任何一个国家都希望自己的市场是健康的，缅甸主办方也希望创建个公平交易的市场。作为会长，维护会员的合法权益责无旁贷，我一定不遗余力，尽职尽责。

钻之韵珠宝首饰有限公司

地址：深圳市罗湖区水贝一路水贝珠宝工业区21栋首层
电话：0755-25636089
网址：www.zuanzhiyun.com

DIAMOND CHARM钻之韵一直以来与DTC、世界黄金协会、世界铂金协会等国际协会机构有深度合作，并与中国印钞造币总公司及中钞国鼎合作制造发行国家级纪念币，与Disney迪士尼合作生产米奇系列产品。

2008年，DIAMOND CHARM钻之韵参与设计并制作"2010年上海世博会纪念币"，向世界展示中国珠宝设计与制造的风采。

地址：深圳市罗湖区水贝一路水贝珠宝工业区21栋首层
电话：0755-25636089
网址：www.zuanzhiyun.com
（图片提供：钻之韵珠宝首饰有限公司）